Meine Lieblingsplätze

chic&cosy

Schöner urlauben in Österreich

Inhaltsverzeichnis

Grand Ferdinand

Damenausflug in die Großstadt: Ich liebe es, für meine Mädelsrunde schöne Plätze zu suchen und so habe ich angekündigt, dass wir dieses Mal in einem Grand Hotel an der Wiener Ringstraße nächtigen werden.

Die allgemeine Vorfreude ist groß, doch es kommt erste Verwirrung auf, als wir nicht mit dem elegant grün gelederten Lift in die oberen Etagen fahren, sondern unseren Schlafsaal im 1. Stock mit vier Mahagoni-Stockbetten beziehen. Die erste Schockstarre verwandelt sich schnell in kollektives Entzücken, denn auch wir Low-Budget-Touristinnen dürfen den Luxus der „Grand Etage" samt Rooftop-Pool und Restaurant genießen.

Zu späterer Stunde kommen wir zurück und stellen fest, dass sich inmitten unseres Koffer-Chaos noch weiteres Leben befindet. Ein älterer Herr in Pyjama hat es sich auch gemütlich gemacht und bemüht sich redlich, uns vor den wilden Tieren zu beschützen. Wir huschen in unsere Betten und schnurren zufrieden mit.

GRAND FERDINAND
Schubertring 10-12 | 1010 Wien | +43 1 91880 |
welcome@grandferdinand.com | www.grandferdinand.com

„Ein tolles Hotel, das seine Grandezza perfekt mit urbanem Schick verbindet.“

hollmann
BELETAGE
v.10-18h
Ende
WIENER AMATEUR
PHOTOGRAPHEN KLUB
brainshows
gahleitner
facharzt für zahn-, mund- und kieferheilkunde
dr. roberto lhotka

Hollmann Beletage

Wer genug hat von großen Hotelketten, ist hier genau richtig. Robert Hollmann, der Gründer der Beletage, mag keine Hotels von der Stange. Geschmeidig und charmant soll der Gast wohnen, findet der Hofzuckerbäcker, Koch und Schauspieler. Deshalb hat er sich sein eigenes Bed & Breakfast erschaffen und die Beletage eines Wiener Gründerzeithauses in eine moderne „Wohngemeinschaft" umfunktioniert.

Keines der 25 Zimmer gleicht dem anderen und jedes steckt voller Überraschungen. So müssen wir in unserem Zimmer erst das Badezimmer suchen. Es hat sich hinter einer raumhohen Schranktür versteckt – hoffentlich finden wir auch in der Nacht unser stilles Örtchen gleich wieder.

Nach einem Besuch in der „heißen Kammer" – so nennt sich die Sauna hier – schauen wir im hauseigenen Kino mit Retro-Bestuhlung einen alten Film und essen Popcorn. Der (Gemeinschafts-)Kühlschrank ist prall gefüllt. Wir fühlen uns wirklich wie zuhause – nein, noch viel, viel besser!

HOLLMANN BELETAGE
Köllnerhofgasse 6 | 1010 Wien | +43 1 9611960 |
hotel@hollmann-beletage.at | www.crazyhollmann.com

”

Wohnen wie bei Freunden
im 1. Wiener
Gemeindebezirk.

“

DANIEL

Daniel

Ein Wochenende in Wien mit Freunden. Das Daniel wurde mir empfohlen und ich bin gleich begeistert, wie herrlich unkonventionell das Leben im Hotel sein kann. Der Grazer Hotelier Florian Weitzer will das Wort „Luxus" hier neu interpretieren, indem er urbanen Reisenden nichts aufdrängt, sondern mit außergewöhnlichen Details überrascht. Und ich finde, es ist ihm ziemlich gut gelungen.

Wir waren schon vor einigen Jahren im Daniel, als diese Art der Hotellerie für uns noch relativ neu war. Ich werde daher nie den entsetzten Blick meines Mannes vergessen, als er feststellt, dass es in unserem Zimmer keinen Kleiderschrank gibt, sondern nur eine Kofferablage. Ich finde, Schränke schränken ein und coole Leute wie ich leben ohnehin nur aus der Tasche.

Aber nicht nur ich bin cool, sondern irgendwie alles hier: das Schiff am Dach nebst Bienenstöcken und Apfelbäumen sowie das zur Hollywoodschaukel umfunktionierte Jugendstilsofa aus dem Weitzerschen Familienbesitz in der hippen Bakery.

HOTEL DANIEL

Landstraßer Gürtel 5 | 1030 Wien | +43 1 90131-0 |
hellovienna@hoteldaniel.com | www.hoteldaniel.com

Die Bakery ist ein ungezwungenes und gern frequentiertes Lokal – auch von den Wienern.

BAKERY

DANIEL

fresh
Ideas.

Die Presse

grätzlhotel

Ich finde dieses Hotelkonzept schlichtweg genial! Die Grundidee: Leere, ehemalige Geschäftslokale wie beispielsweise Trafiken oder Bäckereien in wenig frequentierten Nebenstraßen werden von der URBANAUTS GmbH in eigenständige Suiten umfunktioniert, um Städtereisenden ein besonders authentisches Wien zu bieten.

Hier nächtigt man in der „Sockelzone" der Stadt, denn die Gäste gelangen direkt von der Straße oder einem typischen Wiener Innenhof in ihre Zimmer. Anstatt einer Rezeption ist das „Grätzl" (umgangssprachlicher Ausdruck für ein Stadtviertel) die Hotellobby und darüber hinaus gibt es noch einen „Paten", d. h. einen Lokalbetreiber aus der Nachbarschaft, der für Fragen und Informationen zur Verfügung steht.

Ich darf mir das grätzlhotel Karmeliterplatz ansehen und sofort merke ich, dass hier wohl einmal ein Lampengeschäft gewesen sein muss. Die Suite besitzt noch den Charme ihrer ursprünglichen Nutzung, und ich setze mich auf die Sitzbank der ehemaligen Auslage, um das Treiben des Viertels zu beobachten.

GRÄTZLHOTEL KARMELITERMARKT - BELVEDERE - MEIDLINGER MARKT
Favoritenstraße 17/3-5 | 1040 Wien | +43 1 2083904 |
hello@urbanauts.at | www.urbanauts.at | www.graetzlhotel.com

TABAK

"Das Grätzl ist quasi die Lobby und wenn man einen Fellow braucht, gibts einen Lokalbetreiber ums Eck, der mit Rat und Tat zur Seite steht."

let's spend the night together.
almost home.

25hours

„Come as you are“ steht in großen Lettern am Haus und genauso unkompliziert fühlt sich hier alles an. Kaum betrete ich die Lobby, bin ich fröhlich und mit einem Lächeln im Gesicht schweift mein Blick durch den Raum – es gibt so viel Spannendes zu entdecken. Im kleinen Hotelshop kaufe ich gleich ein paar handmade „Schlaf(ele)fanten“ als Vorratsgeschenke. Und, nein, heute mal kein Selfie im Vintage-Photo-Automaten.

Die Zimmer in den oberen Stockwerken mit ihren bodentiefen Fenstern bieten einen herrlichen Blick über die Wiener City. In unserem Medium-Zimmer ist die Aussicht nicht minder spektakulär – ich kann den Fensterladen zu unserem Badezimmer öffnen und meinen Mann beim Duschen beobachten.

Die spärlich bekleidete Zirkusdirektorin auf der Tapete lächelt mir frivol zu, ich zwinkere zurück und schalte die gehäkelte Nachttischlampe aus.

25HOURS HOTEL WIEN BEIM MUSEUMSQUARTIER
Lerchenfelder Straße 1-3 | 1070 Wien | +43 1 521 51 0 |
wien@25hours-hotels.com | www.25hours-hotels.com

27.9.
WARNER MUSIC NIGHT VIENNA
26-09-2019
CARLOS CIPA
MARTIN KOHLSTEDT.
6.10.
2019
he park.
urs meets Markterei.
12–22h
12–22h
hausplatz 14

"Manege frei für dieses kunterbunte Stadthotel beim Wiener MuseumsQuartier mit seiner lässigen Dachboden-Bar!"

Ruby Marie

Juhu – wir haben noch kurzfristig Karten für das Erste Bank Open Tennis Turnier ergattert und weil ich glaube, dass es für Dominic Thiem energetisch wichtig ist, dass ich in der Nähe der Stadthalle wohne, bin ich auf das Ruby Marie gestoßen.

„Lean luxury" ist die Philosophie dieses Design-Hotels und steht für unkomplizierten Komfort und dem Weglassen von Unnötigem. Da die Bar ohnehin rund um die Uhr geöffnet ist, gibt es im Zimmer keinen Kühlschrank, dafür aber einen Marshall-Verstärker als Soundsystem, an den man E-Gitarren zum Ausleihen anschließen kann. Na bitte, wo hat man das sonst?

Der Check-In erfolgt ganz unkompliziert per iPad und wir haben ein Zimmer mit fantastischem Ausblick über die Dächer Wiens. Bevor wir losmüssen, machen wir es uns noch im Rooftop-Garden gemütlich. Die urbane Terrasse mit den vielen Pflanzen, bunten Stühlen und Tischen ist ein absolutes Highlight und mir fällt es schwer, meinen gemütlichen Fatboy zu verlassen. Aber um ein Dominic Thiem-Match zu sehen, mache ich fast alles!

RUBY MARIE HOTEL VIENNA
Kaiserstraße 2-4 / Mariahilfer Straße 120 | 1070 Wien |
marie@ruby-hotels.com | www.ruby-hotels.com

”

Die Dachterrasse ist auch immer wieder Eventfläche für Pop-up-Stores, Vernissagen oder Live Sessions mit lokalen und internationalen Musikern.

“

wiener
soul
for
sale

Die Chronik

Schani Salon

Ein interessanter Name für ein Hotel, denk ich mir. Der „Schani" ist ein typisch Wiener Begriff für einen „freundlichen Dienstleister", lese ich vorab auf der Homepage des kleinen Boutiquehotels. Verstehe. Und der Salon – na ja, das war ein Treffpunkt für die Intellektuellen Anfang des 20. Jahrhunderts. Okay, da bin jetzt ich gemeint.

Meine braune Hornbrille bringt mir optisch 20 Punkte mehr IQ und so fahre ich mit dem entzückenden alten Lift ins Mezzanin, checke mit meinem Zimmerschlüssel am Handy selbst ein – die geistige Elite macht das heutzutage so – und bemerke, dass hier ganz normale Menschen herumsitzen. So muss ich gar nicht lang philosophieren, sondern kann dem „Schani" hinter der Bar meine Wünsche kundtun.

Das Gin-Angebot ist toll und auch das Ambiente hier sehr leger. Mein Zimmer ist klein, aber fein und ich bin begeistert, dass ich die Zimmertemperatur dank eines ausgeklügelten Heiz-Kühl-Systems individuell einstellen kann. Ich schlafe herrlich bei 18 Grad!

HOTEL SCHANI SALON
Mariahilfer Straße 58 | 1070 Wien | +43 1 4170181 |
reception-salon@hotelschani.com | www.hotelschani.com

”

Die zentrale Lage inmitten der Mariahilfer Straße ist perfekt zum Shoppen und Ausgehen.

“

Jugend
mit Stil

Villa Antoinette

Der Semmering, einst Hotspot der Wiener Society und auch als mondäner Luftkurort bekannt, ist in den letzten Jahrzehnten etwas in Vergessenheit geraten. Doch dann kaufen ein Salzburger und ein Tiroler eine alte Frühstückspension. Drei Jahre suchen sie auf Flohmärkten und bei Antiquitätenhändlern nach Jugendstillampen, Messingbetten und Marmornachtkästchen. Damit erwecken sie das einst wenig attraktive Haus, aber mit Blick auf das Weltkulturerbe Semmeringbahn, 2015 zu neuem Leben.

Die Villa kann grundsätzlich nur „en gros" gemietet werden. Wer weiß ... vielleicht lade ich ja zu einem besonderen Anlass meine besten Freunde hierher ein und bestelle gleich den Privatkoch und die Yogalehrerin dazu. Bis es soweit ist, muss ich mich mit einer Besichtigung begnügen und bin regelrecht entzückt.

Kurz zusammengefasst: ein absolutes Hideaway in Alleinlage mit Außen- und Whirlpool sowie Sauna, Dampfbad und Tauchbecken im Badehaus. Und mit extra Waschbecken in den Zimmern. Nostalgie pur.

VILLA ANTOINETTE
Gläserstraße 9 | 2680 Semmering | +43 676 3365881 |
info@villa-antoinette.at | www.villa-antoinette.at

”

Das Badehaus mit seiner großen Sofalandschaft lässt sich per Knopfdruck in ein Kino verwandeln.

“

Malat

Mein Mann hat einen Termin in Wien. Also hänge ich mich an und beschließe für uns beide, dass wir auf der Hinfahrt einen kurzen Abstecher in den traditionsreichen Weinbauort Palt machen. Das dort seit 1722 bestehende Weingut Malat zählt, so habe ich vorab gelesen, zu den wenigen Betrieben weltweit, die in allen Bereichen Spitzenprodukte erzeugen – weiß, rot, süß und prickelnd.

Doch nicht nur meine Leidenschaft für Wein führt uns hierher. Bei meinen Recherchen nach besonderen Plätzen ist mir sofort das dazugehörige Boutiquehotel mit seiner modernen Architektur ins Auge gestochen. Das Haus liegt mitten in den Weinbergen und hat einen unglaublich schönen Ausblick auf das nahe gelegene Stift Göttweig.

Der sympathische Hausherr Alexis führt uns herum und ich bin einfach nur begeistert. „Wer hier noch ein Haar in der Suppe findet, soll besser daheim bleiben", hat ein Gast in seiner Bewertung geschrieben. Dem kann ich nur beipflichten.

MALAT WEINGUT UND HOTEL
Hafnerstraße 12 | 3511 Palt | +43 2732 82934 |
hotel@malat.at | www.malat.at

❞

Ein wundervolles Boutiquehotel
mitten in den Weinbergen
am südlichen Ufer
der Donau.

❝

Weingut Nigl

Der Sohn meiner Freundin ist bestens mit Familie Nigl bekannt und so beschließen wir spontan einen Ausflug ins Kremstal, um liebe Grüße zu überbringen. Bereits seit Jahrhunderten sind die Nigls leidenschaftliche Weinbauern. Im Jahr 1994 haben sie dann auch den ehemaligen Lesehof des Fürsten Starhemberg aus dem 12. Jahrhundert erworben und zu einem Restaurant und Hotel ausgebaut.

Das Weingut befindet sich am Ortseingang von Senftenberg und liegt dem Burgberg zu Füßen. Das Wetter ist herrlich und entsprechend ist die Vorfreude auf ein Glas Weißwein besonders groß. Durch ein Holztor betreten wir den lauschigen Gastgarten. Die alten Bäume spenden Schatten, die Tische sind liebevoll gedeckt und der Lavendel blüht. Wir haben Glück, noch einen Tisch zu bekommen.

Bei hervorragendem Essen genießen wir den herrlichen Sommerabend. Der Juniorchef erweist uns auch noch seine Ehre und wir beglückwünschen ihn zu diesem schönen Platz.

WEINGUT NIGL
Kirchenberg 1 | 3541 Senftenberg | +43 2719 2609 |
info@weingutnigl.at | www.weingutnigl.at

"

Im Weingut gibt es zwölf großzügige Zimmer, die alle unterschiedlich und äußerst charmant eingerichtet sind.

"

Hotelrezeption

Raffelsberger Hof

Mitten im Herzen der Wachau, im romantischen Weißenkirchen, befindet sich das Boutiquehotel Raffelsberger Hof – nur ein paar Schritte von der Fähranlegestelle entfernt. Das ehemalige „Schiffsmeisterhaus“ aus dem Jahr 1574 ist liebevoll renoviert, das fällt gleich auf. Mit nur 15 Zimmern hat es eine nette Größe.

Zahlreiche Antiquitäten und originale Handwerkskunst finden sich im ganzen Haus und man spürt, dass die Gegenstände wohl viele interessante Geschichten zu erzählen hätten. Bezaubernd ist auch der große Garten. Nach der Radtour durch die Weinberge machen wir es uns am Naturbadeteich gemütlich und lassen die Seele baumeln.

Besonders angetan sind wir von der „Renaissance-Gewölbe-Lounge“, dem früheren Pferdestall des Hauses. Rund um die Uhr können wir uns an der Bar selbst bedienen und einen schönen Tag mit einem oder zwei Glas Wein ausklingen lassen. Sehr gemütlich ist es hier!

RENAISSANCEHOTEL RAFFELSBERGER HOF
Freisingerplatz 54 | 3610 Weißenkirchen | +43 2715 2201 |
office@raffelsbergerhof.at | www.raffelsbergerhof.at

"Ein wunderbares altes Gemäuer mit herrlichem Garten inmitten der Wachau."

Resterhof

Kirsten und Alexander leben und arbeiten in Salzburg, aber jede freie Minute verbringen sie in ihrer zweiten Heimat, der Wachau. So haben sie auch vor einigen Jahren die mittelalterlichen Gemäuer eines stark verfallenen Hofs in der Nähe von Spitz entdeckt und mit viel Fingerspitzengefühl renoviert.

Das Haus liegt direkt am Donauradweg, umgeben von Wein- und Marillengärten. So sind wir von Weißenkirchen hergeradelt, um den Resterhof zu besichtigen. Kirsten führt uns herum und wir sind gleich verzaubert vom Charme des alten Gebäudes. Über die Außenstiege der Veranda gelangen wir in den idyllischen, nicht einsehbaren Innenhof, wo sich auch ein großer überdachter Essplatz befindet.

Die unterschiedlichen Wurzeln der Gastgeber, griechisch, ungarisch und deutsch, spiegeln sich im multikulturellen Einrichtungsstil des Hauses wieder. Diesen Platz hab ich mir schon fix für meinen nächsten Damenausflug vorgemerkt.

RESTERHOF
Schwallenbach 39 | 3620 Schwallenbach | +43 664 8527920 |
resterhof.wachau@gmail.com | www.resterhof-wachau.at

„

Die ehemalige Scheune mit
Grundmauern aus dem Mittelalter
kann auf Anfrage für Veranstaltungen
mit ca. 30 Personen
gemietet werden.

“

29
SAT

etagerie

Die etagerie befindet sich in einem typischen Wohnbau der 1950er Jahre in unmittelbarer Nähe zur Donaupromenade. 33 Appartements gibt es hier in den ehemaligen Arbeiterquartieren der Linzer Tabakfabrik. Da wir mit den Einheimischen Tür an Tür wohnen, kommt es uns vor, als hätten uns Freunde ihre Wohnung für ein Wochenende überlassen.

Bereits zwei Tage vor unserer Anreise haben wir einen Willkommensbrief mit allen wichtigen Informationen erhalten. Weil das Konzept „Ohne Rezeption" heißt, konnten wir unseren Schlüssel ganz einfach einem Outdoor-Safe entnehmen. Unser Appartement finden wir schnell. Es besitzt den reizenden Flair der 50er und soll mit seinen Vintagemöbeln samt Nierentischen und -teppichen an die Geschichte des Hauses erinnern.

Besonders verliebt bin ich in die rosarote Küche und komme mir ein bisschen vor wie bei „Die Frauen von Stepford". Eine geblümte Schürze finde ich nicht, aber dafür ein Bügeleisen und eine Kaffeemaschine und serviere meinem Mann – perfekte Hausfrau, die ich bin – einen Espresso ans Bett.

ETAGERIE URBANAUTS HOSPITALITY GMBH
Untere Donaulände 62-64 | 4020 Linz | +43 732 323000 | +43 1 2083904
linz@urbanauts.at | www.etagerie.com

❞

Die etagerie steht für authentisches 50er-Jahre-Wohnen, und die Appartements können auch für einen längeren Zeitraum gemietet werden.

❝

Motel One Linz

Ich bin eigentlich kein Fan von großen Hotelketten, aber dieses Budget-Design-Konzept und das richtig gute Preis-/Leistungsverhältnis ist einfach genial. Bei Motel One weiß ich immer, was ich bekomme. Egal, in welchem Haus ich bisher gewohnt habe, es war immer stylisch und chic eingerichtet!

Hier in Linz ist die zentrale Lage direkt am Hauptplatz einfach perfekt. Alles ist fußläufig erreichbar: Shops, Restaurants und Bars. Die Zimmer sind nicht allzu groß, aber geschmackvoll gestaltet. Schrank, Telefon und Minibar gibt es nicht. Ganz ehrlich, wer braucht das schon bei einem Citytrip?

Die Bilder in den Zimmern stammen vom Streetart-Künstler SKIRL_. Auf einer überdimensionalen 170 m^2 Fläche gestaltete der Österreicher ein Werk, das anschließend in 111 Stücke geteilt wurde. Jedes von ihnen schmückt nun eines der Zimmer. Hier zu wohnen ist somit wie Teil eines Ganzen zu sein. Diesen Gedanken finde ich besonders schön, wenn ich alleine unterwegs bin.

MOTEL ONE LINZ-HAUPTPLATZ
Hauptplatz 10-11 | 4020 Linz | +43 732 210011-0 |
linz-hauptplatz@motel-one.com | www.motel-one.com

"Tolles Ambiente für wenig Geld
gibt es in diesem Motel
im Herzen von Linz."

Ramenai

Günter ist ein echter Böhmerwaldler. Aber als leidenschaftlicher Berg- und Skiführer war er in der ganzen Welt unterwegs, um die höchsten Gipfel zu erklimmen. Bis er 2009 endgültig in seine Heimat zurückkehrte und blieb.

Seine Leidenschaft für die Kletterei hat ihn aber nicht losgelassen und so baute er 2009 in Ulrichsberg einen Hochseilgarten. Die Errichtung seines „Böhmerwaldlerdorfs" war dann der nächste Schritt. „Für Menschen, die sich nach Natur und Ruhe sehnen, nach echten Erlebnissen und dem bewusst Einfachen", wie er sagt.

Ich finde seine „Holzknecht- und Jagdhütten sowie Waldbauernhäuser" aber ganz und gar nicht einfach, sondern wenn, dann einfach nur ganz entzückend gestaltet. Mir gefällt dieser schlichte Stil, die gemütliche Eckbank und der stylische Kaminofen. Und vor allem auch die „schwarze Kuchl", die – obwohl nicht allzu groß – vollkommen ausreichend ist. Das Leben der Waldbauern und Knechte kann ich hier gut nachempfinden, aber ich glaube nicht, dass diese jemals so kuschelig gewohnt haben.

RAMENAI - DAS BÖHMERWALDLERDORF
Schöneben 23 | 4161 Ulrichsberg | +43 7288 93080 | +43 664 3282482 |
servus@ramenai.at | www. ramenai.at

"

Wer ein besonderes Naturerlebnis sucht, wird hier fündig.

"

SEE 31

SEE 31

Mein Mann und ich sind gerne mit dem Fahrrad unterwegs. Darum packen wir auch gelegentlich unsere Bikes auf den Fahrradträger, um Neuland zu erkunden. Wir parken unser Auto in Gmunden und radeln den Traunsee entlang. Die beiden modernen kubus-artigen Holzhäuser fallen mir sofort auf. Wir bleiben stehen, damit ich mir alles ganz genau ansehen kann.

Als Mutter einer Teenagertochter bin ich es gewöhnt, peinlich zu sein. Es fällt mir also nicht schwer, die netten Leute auf der Terrasse anzusprechen. Ein deutsches Ehepaar verbringt mit seinen Kindern schon das zweite Mal den Urlaub hier – sie sind begeistert. Von ihrer Ferienwohnung haben sie einen fantastischen Ausblick über den See auf den Traunstein, und das Appartement ist sowohl mit einer eigenen Sauna als auch einem Kaminofen ausgestattet, falls es der Wettergott mal nicht so gut meint.

Die zwei Ferienhäuser verfügen auch über einen eigenen Zugang zum See mit Badesteg, und in 50 Meter Entfernung befindet sich ein kleiner öffentlicher Wiesenbadeplatz mit Holzsteg und schattenspendenden Bäumen. Ein absolutes Ferienidyll im Herzen Österreichs.

SEE 31, FERIENLOFTS AM TRAUNSEE
Seestraße 31 | 4801 Traunkirchen | +43 664 2395400 |
willkommen@traunsee31.at | www.traunsee31.at

”

Die Ferienlofts sind sehr geschmackvoll eingerichtet und der Blick über den Traunsee einfach magisch.

“

Gasthof
Lobisser

Bräugasthof

Wann immer ich Besuch von auswärtigen Freunden habe, werden diese in mein Auto verfrachtet und zu einem Ausflug nach Hallstatt verdonnert, ob sie wollen oder nicht. Ich finde, diesen Ort mit seinen bunten, eng aneinander geschmiegten Häuschen zwischen Berg und See, muss man einfach gesehen haben.

Wie in Venedig ist es hier für mich abends am Schönsten. Die Tagestouristen sind weg und Ruhe kehrt ein. Wir haben unsere „romantischen Zimmer mit Seeblick und österreichischem Mobiliar" – so ist auf der Homepage zu lesen – schon bezogen, und unsere Gäste aus den USA sind begeistert von diesem urigen Haus mit der knarrenden Treppe und dem Kachelofen in der alten, vertäfelten Stube.

Wir sitzen im gemütlichen Gastgarten des Bräugasthofs. Die bunten Lampions im alten Kastanienbaum wiegen leicht im Wind und unsere amerikanischen Freunde meinen, dass hier alles ohnehin nur eine Hollywood-Kulisse ist. Oder ein China-Nachbau. Wir werfen uns vielsagende Blicke zu und lassen unsere Gäste in ihrem Glauben!

BRÄUGASTHOF
Seestraße 120 | 4830 Hallstatt | +43 6134 8221 |
info@brauhaus-lobisser.com | www.brauhaus-lobisser.com

„Die sieben Gästezimmer sind gemütlich eingerichtet und alle haben einen fantastischen Ausblick auf den See."

Seevilla

„Im Salzkammergut, da kann man gut lustig sein" trällerte Peter Alexander im Film und auch ich bin jedes Mal gleich gut gelaunt, wenn ich den glitzernden Wolfgangsee mit seiner malerischen Bilderbuchkulisse vor mir sehe.

Freunde von mir haben sich zur Sommerfrische – ich liebe dieses Wort – in der reizenden Seevilla eingemietet und weil es das Spätaufsteher-Frühstück bis 11.30 Uhr gibt, kommen auch Langschläferinnen wie ich noch zu einer knusprigen Semmel kurz vor Mittag. Wir sitzen auf der idyllischen Terrasse und ich habe das Gefühl, dass der Tourismusverband mit Photoshop einfach ein bisschen nachkoloriert hat, so prächtig sind die Farben hier.

Franziska führt mit ihrem Mann Christian das Hotel bereits in vierter Generation und auf den alten Fotografien in den Gängen sieht man, wie sich das kleine Gasthaus der Urgroßmutter mit ein paar Pensionszimmern im Laufe der Jahre zu meiner ersten Adresse am Wolfgangsee entwickelt hat. Mondän und traditionell zugleich!

SEEVILLA
Markt 17 | 5360 St. Wolfgang | +43 6138 20055 |
welcome@seevilla.co.at | www.seevilla-wolfgangsee.at

„Erste Reihe fußfrei am Wolfgangsee in dieser wunderschönen Villa."

The Maximilian

Maximilian, der Concierge des Hauses, ist ein richtiger Traum-Mann! Er sieht gut aus, ist immer freundlich und geht auf alle Wünsche ein. Leider wurde er nur von einer Grafikerin gezeichnet, klebt an der Wand im Foyer und leistet dem Gast beim Self-Check-In Gesellschaft.

Ich darf das kleine Boutiquehotel schon vor der Eröffnung besichtigen und bin gleich begeistert. Die Hausherrin Martina, Geschäftsführerin der Heyme-Collections, führt mich durch das ganze Haus und mir gefällt extrem gut, was ich sehe.

Sehr schnell finden wir eine essenzielle Gemeinsamkeit – wir beide leben beim Kurzurlaub gerne aus dem Koffer und finden Kleiderschränke völlig überbewertet. Für Leute wie uns sind daher die Betten im „The Maximilian" so konzipiert, dass man das Gepäck einfach drunterschieben kann. Für alle anderen gibt es ein kleines rundes Mobiliar zur Kleideraufbewahrung, das aber zugegebenermaßen sehr süß aussieht.

THE MAXIMILIAN
Bayernstraße 28 | 5020 Salzburg | +43 662 872274 |
stay@themaximilian.at | www.themaximilian.at

”

Self-Check-In und Honesty-Bar
in der Salzburger Vorstadt.

“

Maximilian

FRONTDESK

Villa Auersperg

Schon seit 1890 ist die Villa Auersperg in Familienbesitz und das spürt man auch. Das zentrale, aber doch sehr ruhige Stadthotel wird bereits in dritter Generation geführt und liegt im Salzburger Andräviertel. Ich mag diese Gegend besonders gern, weil es hier fußläufig so viele nette kleine Lokale gibt und die Uhren der Stadt etwas langsamer zu ticken scheinen.

Für mich ist dieses reizende Hotel eine perfekte Mischung aus der Eleganz der Gründerzeit und modernem Esprit und so habe ich schon viele Freunde von mir hier untergebracht. Vor allem die Zimmer mit Blick in den verwunschenen Garten haben es mir angetan. Die wertigen Materialien, die vielen kleinen Details und die warmen Töne schaffen die richtige Atmosphäre, um sich wohl zu fühlen.

Hoch oben auf dem Dach gibt es ein „Petit Spa“ mit Ruheraum und Terrasse sowie ein Dampfbad und eine Finnische Sauna mit herrlichem Blick auf die Salzburger Hausberge. Hot, hot, hot!

HOTEL & VILLA AUERSPERG
Auerspergstraße 61 | 5020 Salzburg | +43 662 88944-0 |
info@auersperg.at | www.auersperg.at

”

Ein kleines Hideaway im Salzburger Andräviertel mit lauschigen Zimmern.

“

HOTEL AUERSPERG

TODAY'S

The Mozart

Die imposanten Bäume in der Franz-Josef-Straße erinnern mich immer ein bisschen an die berühmten „Avenuen“ in Paris. Darum freut es mich besonders, dass hier dem alten, verstaubten Hotel „Mozart“ mit einem „The“ neues Leben eingehaucht wurde.

Stuckdecken, Fischgrätparkett und Wandvertäfelungen gepaart mit plüschigen Fauteuils, dekorativen Lampen und Fotografien einer Salzburger Künstlerin machen das Designhotel zu einem echten Geheimtipp für urbane Gäste und Einheimische.

Ich treffe mich hier mit einer Freundin. Im gut besuchten Bistro des Hauses bestellen wir „Salzburg Tapas“ und natürlich einen „Cocktail 1756“. Der Namensgeber des Hauses wurde in jenem Jahr geboren – so, ein bisschen Auffrischung in Geschichte muss auch mal sein. Und wenn man seinen Zeitgenossen glauben mag, war der „Wolferl“ dem einen oder anderen Gläschen auch nicht abgeneigt.

THE MOZART
Franz-Josef-Straße 27 | 5020 Salzburg | +43 662 872274 |
stay@themozarthotel.com | www.themozarthotel.com

"Ein stylisches Kunst- und Designhotel mit Bar und Bistro in einer der schönsten Straßen Salzburgs."

Schloss Leopoldskron

Schloss Leopoldskron präsentiert sich von seiner prachtvollsten Seite. Wir strahlen mit der Sonne um die Wette und stoßen auf unser Brautpaar an, das diesen wunderschönen Platz mit seinem sieben Hektar großen Park ausgewählt hat, um hier den Bund fürs Leben zu schließen.

Überall spüren wir die Aura dieses historischen Platzes. Theaterregisseur Max Reinhardt hat hier 1920 die Idee der Salzburger Festspiele geboren und deshalb freuen wir uns umso mehr, dass seit ein paar Jahren ein Teil der Räumlichkeiten als Hotelbetrieb nun für „Jedermann" zugänglich ist.

Freunde des Hochzeitspaares haben sich hier eingemietet und so lade ich mich selbst zu einer Besichtigung ein. Die Suite hat einen unglaublich schönen Blick auf den Leopoldskroner Weiher und ist sehr geschmackvoll eingerichtet. Am Nachtkästchen steht ein herrlich altmodisches Bakelit-Telefon mit Wählscheibe. Und tatsächlich – es funktioniert.

HOTEL SCHLOSS LEOPOLDSKRON
Leopoldskronstraße 56-58 | 5020 Salzburg | +43 662 83983-0 |
reception@schloss-leopoldskron.com | www.schloss-leopoldskron.com

»

Schloss Leopoldskron ist
die perfekte Location für
Hochzeiten in Salzburg, aber
auch sonst ein außergewöhnliches
Quartier vor den Toren
der Stadt.

«

DAS REGINA

Meine amerikanischen Freunde fragen mich, nachdem wir gerade die Ortstafel von Bad Gastein passiert haben, warum es in Österreich eigentlich so viele „böse“ Städte gibt. Ich muss laut lachen und sage, wenn „B(b)ad Gastein“ böse wäre, dann gäbe es hier auf keinen Fall ein so tolles Hotel wie „DAS REGINA“.

Nicht nur die internationalen Reise- und Lifestylemagazine „The Escapist“ und „Condé Nast Traveler“ kommen bei diesem kleinen Boutiquehotel in den österreichischen Alpen ins Schwärmen, sondern auch für mich ist dieses charmante Refugio mit viel Patina ein absoluter „It Place“.

Das Haus zum Zweck der körperlichen Ertüchtigung zu verlassen wäre absolute Zeitverschwendung. Viel besser ist es, vor dem Kamin zu sitzen und eines der unzähligen Design- oder Architekturbücher durchzublättern, die hier überall zu finden sind. Oder einfach nur mit einem Cappuccino die anderen Gäste beobachten und die besondere Atmosphäre des Hauses genießen.

HOTEL DAS REGINA
Karl Heinrich Waggerl Straße 5 | 5640 Bad Gastein | +43 6434 2161-0 |
welcome@dasregina.com | www.dasregina.com

»

Ein mit viel Stil und Geschmack renoviertes Hotel, das eine ganz besondere Aura ausstrahlt.

«

BAD
5640

Wiesergut

Das sind alles wir! So beschreibt Sepp Kröll sein legeres und zugleich luxuriöses Designhotel am Fuße des Zwölferkogels in Hinterglemm. Der Bauer und Hotelier hat hier mit seiner Frau Martina nach vielen Jahren des Planens und Tüftelns auf das Fundament des 800 Jahre alten Gutshofs ein außergewöhnliches Boutiquehotel erschaffen.

Alles fühlt sich herrlich natürlich an. Die Kühe grasen vor dem Haus, in der Piazza & Bar wird gerade frisches Brot gebacken, als wir ankommen, und die Bienenwachskerzen in den Gängen verströmen einen wohligen Geruch. Das ganze Haus lebt von seinen natürlichen Materialien und jeder Winkel und jeder Platz hat sein eigenes Flair.

Mit einer lieben Freundin gönne ich mir eine Nacht Auszeit vom Alltag, denn alltäglich ist hier wahrlich nichts. Wir erkunden den lauschigen Garten, wo es überall Liegen zum Entspannen gibt, und genießen den von der hauseigenen Quelle gespeisten Outdoor-Pool. Im Wiesergut-Spa wartet schon eine Massage auf uns und wir sind uns einig – an diesen Alltag könnten wir uns ganz schnell gewöhnen.

DESIGNHOTEL WIESERGUT
Wiesern 48 | 5754 Hinterglemm | +43 6541 6308 |
info@wiesergut.com | www.wiesergut.com

"Zum Slow-Food-Frühstück gibt es das knusprig-duftende Wiesenbrot der Seniorchefin, kreative Eierspeisen und hausgemachte Marmelade."

AIRSTREAM 4u

SEPP

Wenn ich einmal groß und reich bin, dann kauf ich mir einen Airstream! Umso glücklicher macht es mich, dass ich im Hotel SEPP schon mal Probesitzen kann. Mein Aluminium-Traum wurde hier zu einer geräumigen Sauna umfunktioniert und steht auf dem Dach eines richtig lässigen Adults-Only-Hotels.

exSEPPtional ist es hier überall. In der stylischen Rooftop-Lounge gibt es Brunch bis 13 Uhr und abends ein täglich wechselndes Themen-Dinner. Zu späterer Stunde spielen wir eine Runde Billard mit unseren Münchner Zimmernachbarn. Leider müssen wir schnell feststellen, dass die Bayern nicht nur Fußball gut beherrschen.

Trost spendet uns danach unser „Cosy-Zimmer", denn es hält, was es verspricht: Urige Altholzwände, das kuschelige Bett und die breite Fensterbank mit Kinoleinwand machen den Raum rundum gemütlich und lassen die Niederlage schnell verblassen. Alles lei(n)wand hier!

HOTEL SEPP
Urchen 8 | 5761 Maria Alm | +43 6584 7738 |
info@edersepp.com | www.edersepp.com

> Gemeinsam mittendrin
> ist das Motto dieses
> außergewöhnlichen Hotels.

Bergdorf Priesteregg

Ich habe das Priesteregg vor ungefähr 30 Jahren kennengelernt. Damals war es ein kleines Wirtshaus mit uriger Stube und wir sind extra zum „Hut-Essen" aus Salzburg angereist. Doch – Abrakadabra – innerhalb meiner kurzen Abwesenheit haben Renate und Hubi Oberlader das beschauliche Bauernsacherl in ein Chaletdorf der Extraklasse verzaubert.

Dort oben ist die Welt einfach noch ein bisschen schöner. Die Chalets – jedes mit eigener Sauna und Hot Tub oder auch eigenem Pool – sind so natürlich um das Biotop mit Holzsteg angeordnet, dass man das Gefühl hat, es hätte diesen Ort schon immer gegeben. Am Dorfplatz bäckt der Hausherr selber Brot und einmal die Woche gibt es Kaiserschmarrn für die Dörfler.

Zum 10-Jahres-Jubiläum hat sich Priesteregg 2019 selbst mit einem grandiosen Wellnessbereich beschenkt. Neben verschiedenen Saunen und Indoor-Pool mit Kaminfeuer ist der 25 Meter lange und schwebende Infinity Pool mit atemberaubendem Blick in die Berge das absolute Highlight. Es nennt sich „Himmelbecken" und so fühlt es sich auch an – einfach himmlisch.

PRIESTEREGG PREMIUM ECO RESORT
Sonnberg 22 | 5771 Leogang | +43 6583 82550 |
bergdorf@priesteregg.at | www.priesteregg.at

99

Der Himmel auf Erden in diesem wunderschönen Chaletdorf! Paradiesisch auch das Frühstück, das ins Haus serviert wird.

66

Mama Thresl

Mama Thresl ist 90 Jahre jung, hat 11 Kinder geboren (eines davon ist Renate Oberlader und wir kennen sie bereits vom Bergdorf Priesteregg) und ist Namensgeberin für dieses unkonventionelle Hotel in Leogang.

Wer mag, kann gleich die direkte Route ins Zimmer nehmen, über den Klettersteig an der Außenwand. Aber das würde ich nicht empfehlen, denn das Herz des Hauses schlägt im großzügigen und offenen Restaurant- und Barbereich. Aus der einsehbaren Küche werden regionale Schmankerl kredenzt und abends asiatisch inspirierte Gerichte. Ab 21 Uhr legen jedes Wochenende DJs aus ganz Europa auf und sorgen für Partystimmung. Sogar Früh-zu-Bettgeherinnen wie ich, wippen bei diesem hippen Sound noch bis Mitternacht mit.

In meinem Alter lässt man es gerne auch mal ruhiger angehen und so chille ich nach der Sauna im Ruheraum mit großer Glasfront und herrlichem Blick in die Leoganger Steinberge. Im freischwebenden Kamin lodert das Feuer und die Welt ist in Ordnung. Am liebsten würde ich vor Freude jodeln – aber es sind leider noch andere Gäste da.

MAMA THRESL
Sonnberg 252 | 5771 Leogang | +43 6583 20800 |
info@mama-thresl.com | www.mama-thresl.com

99

Ein stylisches Basislager
für sportbegeisterte junge
und jung gebliebene
Leute.

66

Faktorei

Es gibt doch noch Märchen, die wahr werden! Eine Hamburger Prinzessin (okay, sie ist in Wahrheit Journalistin) verliebt sich auf einer ihrer beruflichen Reisen nach Innsbruck in das hässlichste Haus der Mariahilfstraße und verwandelt dieses in ein schickes Boutiquehotel mit kleinem Café. Seither leben sie glücklich miteinander.

Einer meiner liebsten Freunde lebt in Innsbruck und bei einem unserer Spaziergänge den Inn entlang entdecken wir das Café „Mahü" – und ich natürlich auch die dazugehörige „Faktorei" mit ihren zwölf Zimmern. Das jahrhundertalte Haus wurde zum Teil entkernt, um dem Gebäude mehr Raum und Licht zu geben.

Die Zimmer sind ganz nach meinem Geschmack mit vielen Naturmaterialien eingerichtet, und auf einen Fernseher hat Prinzessin Anja ganz bewusst verzichtet. Sie meint, wenn man bereits in der Ferne ist, sei fernzusehen überflüssig. Besser sei ein Gespräch im Café, und dem kann ich nur beipflichten.

FAKTOREI HOTEL + CAFÉ
Mariahilfstraße 36 | 6020 Innsbruck | +43 676 5805901 |
info@faktorei-innsbruck.com | www.faktorei-innsbruck.com

”

Über freiliegende Stahlbrücken gelangt man in den oberen Stockwerken zu den Zimmern und kann bis hinauf zum Himmel blicken.

“

Nala

Wenn ich im Internet auf der Suche nach einem Hotel bin, dann muss mich schon das erste Bild sofort faszinieren. So geschehen beim Nala Individualhotel: Der verwunschene Garten mit den üppigen Pflanzen, den bunten Stühlen, den roten Lampions und dem von Efeu umsäumten Gesicht an der Wand haben mich sofort in ihren Bann gezogen.

Das Haus aus den 60er Jahren hätte eigentlich eine Jugendherberge werden sollen, doch während der Umbauarbeiten haben die Eigentümer erkannt, wie viel Schönheit dem Gebäude innewohnt. Sie beschlossen deshalb, daraus ein hippes Boutiquehotel mit 57 individuellen Zimmern zu gestalten. Und tatsächlich ist fast jedes davon ein Unikat.

So hat beispielsweise die PAN-OH-RAMA-Suite nicht nur einen atemberaubenden Blick in drei Himmelsrichtungen, sondern eine extravagante, erhöhte Badewanne, die über eine Treppe bestiegen werden muss und das 14 m^2 CLIMB-UP-Zimmer bietet ein Hochbett für alle, die Höhenluft lieben. Much Fun bietet dieses einzigartige Hotel in zentraler Lage.

NALA INDIVIDUALHOTEL
Müllerstraße 15 | 6020 Innsbruck | +43 512 584444 |
info@nala-hotel.at | www.nala-hotel.at

"

Nala ist eine Art Urmutter-Figur, die als Seele des Hauses in mehreren Zimmern und auch im Garten auftaucht und für Ruhe und Zentrierung sorgen soll.

"

002

Kontor

Zwei Jahre haben Ursula und Marek selbst Hand angelegt, um ihren Traum eines kleinen Boutiquehotels zu verwirklichen. Mit viel Geschick und Leidenschaft haben sie hunderte Stunden damit verbracht, Putz und alte Farbe von den Wänden des denkmalgeschützten Hauses abzukratzen.

Die beiden lieben alte Häuser und ihre Geschichten und so sind sie auf das einstige und geschichtsträchtige Handelshaus in der Haller Altstadt aufmerksam geworden, in dem sich jetzt fünf hübsche und individuell eingerichtete Zimmer befinden.

So gibt es beispielsweise in der „Suite Süd" – mit 45 m² das größte Zimmer des Hauses – noch eine romanische Steinwand, eine gotische Balkendecke, klassizistischen Stuck und einen restaurierten Holzfelderboden. Alles passt perfekt zu den schlichten und modernen Möbeln. Gefrühstückt wird im Barocken Saal und ich ziehe meinen (Sonnen-)Hut, einen anderen habe ich leider nicht, vor diesem schmucken „Kontor" und seinen Besitzern.

KONTOR BOUTIQUEHOTEL
Unterer Stadtplatz 7a | 6060 Hall in Tirol | +43 5223 23801 |
info@hotel-kontor.at | www.hotel-kontor.at

"

Alle Zimmer sind Unikate und verstehen sich als eine Hommage an die Geschichte der einzelnen Räume.

"

dasMAX

das MAX

Da ich eine äußerst aktive Passivsportlerin bin, ist mir das auf 1.200 Meter gelegene Tiroler Hochplateau aus diversen Fernsehübertragungen bestens als Olympia-Region bekannt. Und da war es naheliegend, dass ich mal meine Mädels und die Langlaufski einpacke, um auf bzw. in den Spuren meiner Helden ein paar Runden zu drehen.

Beim Bummeln in der Seefelder Fußgängerzone fällt uns sofort das erst kürzlich eröffnete Boutiquehotel auf. Wir beschließen, im Bistro des Hauses, das auch externen Gästen offensteht, einen Kaffee zu trinken. Sehr ansprechend, die Ausstattung im minimalistischen, skandinavischen Design. Das Bed & Breakfast Hotel wolle gelassen, unkompliziert und fesch das smarte Urlauben verkörpern, lese ich dann auf der Homepage und finde das wurde gut umgesetzt.

Fesch sind auch die Zimmer, ebenfalls ganz reduziert und im nordischen Stil – mit einer tollen, frei von der Decke hängenden Kleiderstange anstatt eines Kleiderschranks. Damit kann man mich sowieso sofort glücklich machen.

LIFESTYLEHOTEL DAS MAX
Bahnhofplatz 613 | 6100 Seefeld | +43 5212 2383 |
info@dasmax.at | www.dasmax.at

HOTEL
GUT LEUTASCH
das MAX

»

Von der Rooftop-Terrasse
ist der Rundumblick über Seefeld
und seine Bergwelt
sensationell schön.

«

Wedelhütte

Wer bei einer Hüttenübernachtung an Schlaflager, kratzige Wolldecken und Gemeinschaftsbad denkt, ist noch nie im Hochzillertal gewesen. Auf 2.350 Metern liegt die einzige Fünfsternehütte Tirols mit elf Suiten, Privat-Spa und Gourmet-Restaurant.

Schon alleine die Anreise zur Wedelhütte ist abenteuerlich. Zuerst geben wir unser Gepäck an der Talstation ab, dieses wird geliefert, und dann gehts mit Gondel und Lift zur Unterkunft hinauf. Ein paar Schwünge noch und wir sind da. Die Hütte befindet sich am höchsten Punkt im Skigebiet und der Blick auf die Dreitausender der Zillertaler Alpen und ins Karwendel ist unglaublich! Unser Zimmer ist noch nicht fertig, also machen wir es uns in den Sonnen-Sitzsack-Betten mit einem Drink gemütlich und lauschen der chilligen Musik.

Zur Feier des Tages – ich habe diesen Aufenthalt zu einem runden Geburtstag bekommen – ist schon ein Tisch für uns auf der Sky Terrazza reserviert und wir lassen uns verwöhnen. La vita è bella und hier oben ganz besonders. Saluti.

WEDELHÜTTE
im Ski-/Wandergebiet Hochzillertal | 6272 Kaltenbach | +43 676 88632577 | reservierung@wedelhuette.at | www.wedelhuette.at

WEDELHÜTTE

"

Die Wedelhütte wurde im Winter 2019/2020 von den Lesern des SkiMagazins zur *Besten Berghütte Europas* gekürt.

"

WWW.ZHEROHOTELGROUP.COM
zhero
HOTEL • OPEN GRILL RESTAURANT • POOL • SPA

Zhero

Auf Reisen sollte man immer das Außergewöhnliche erwarten. Das ist die Vision von Jens Liebhauser, Gründer der Zhero Hotel Group und auch ansonsten umtriebiger Geschäftsmann. Dieses Vorhaben konnte er bereits bei der Außenfassade perfekt umsetzen: Die vielen Glaselemente, kombiniert mit Stein und Holz, machen das Haus zu einem richtigen Hingucker im Ort.

Aber auch das Interieur trägt die Handschrift des Eigentümers. So erfahre ich, dass nebst den stylischen Einrichtungselementen von Minotti und Bottega Veneta auch viele Stücke aus der eigenen Möbelkollektion des Hausherren stammen. Im ganzen Haus überwiegen dunkle Braun- und Grautöne und alles zusammen wirkt unglaublich edel und harmonisch.

Besonders lässig ist auch der Spa-Bereich. Dezentes Licht, gemütliche Sitzsäcke und das Feuer im Kamin spiegelt sich auf der Wasseroberfläche des 20 Meter langen Indoor-Pools. Am liebsten möchte man diesen Bereich ganz für sich alleine haben.

ZHERO HOTEL
Wiese 687 | 6555 Kappl | +43 5445 61200 |
info@zherohotelgroup.com | www.zherohotelischgl.com

❞

Das Zhero Hotel bietet seinen Gästen übrigens täglich einen kostenlosen Shuttle-Transfer ins nahe gelegene Ischgl.

❝

HH
Himmlhof
****

Himmlhof

Auf den Arlberg zu fahren ist für mich immer wieder etwas ganz Besonderes. Ich finde, hier bin ich wahrlich dem Himmel etwas näher und die Sterne funkeln viel intensiver. Wenn auch noch richtig viel Schnee liegt, dann ist das für mich einfach Winter Wonderland pur. Bei unserer Durchfahrt machen wir zuerst Halt in St. Anton, um durch die Fußgängerzone zu schlendern. Ein paar Meter weiter fällt uns schon ein wunderschönes Haus auf. Der Himmlhof macht seinem Namen alle Ehre.

Mit den Holzdielenböden, den warmen Erdtönen, dem jahrhundertealten Getäfel und den traditionellen Bauernkästen hat dieses Haus einen authentischen Tiroler Charme. In der Stube wird gerade Kaffee getrunken und das Feuer im Kamin knistert beschaulich.

Wie auf Wolke 7 wohnt es sich auch in den Zimmern und Suiten. Die Stoff-Baldachine über den Betten finde ich total herzig und sobald es karierte Kissen und Decken aus Wolle oder Filz gibt, ist das für mich immer der Inbegriff von „Schöner urlauben in Österreich".

HIMMLHOF SMALL LUXURY BOUTIQUE HOTEL
Im Gries 9 | 6580 St. Anton am Arlberg | +43 5446 2322 |
info@himmlhof.com | www.himmlhof.com

❞

Verbunden mit der Erde:
Im Himml(hof) gibts auch WLAN.
Sogar Highspeed!

❝

LaPosch

Mir ist in den letzten Jahren natürlich nicht entgangen, dass Chalet-Urlaub voll im Trend ist. Dann kann ich mich wohl selbst als Trendsetterin loben, denn ich liebe es, im Urlaub mein privates Zuhause zu haben. Egal ob im Zelt, Appartement oder im luxuriösen Chalet: Ich finde es herrlich, wenn ich komplett „undone“ mit meinem Pyjama oder Bademantel am Frühstückstisch sitzen und meinen Kaffee schlürfen kann.

Hier im LaPosch schlürft es sich besonders schön. Das urige Chalet-Dorf liegt eingebettet in die beeindruckende Bergwelt der Tiroler Zugspitz Arena und besteht aus 16 Häusern mit einer Wohnfläche zwischen 80 und 150 m^2. Meine Favourites sind die sechs erst 2017 erbauten Almvillen, die sich am angelegten Kristallsee befinden. Direkt von der Terrasse kann man vor dem Frühstück ins kühle Nass springen oder zu jeder Jahreszeit den herrlichen Blick aufs Wasser genießen.

Apropos Frühstück: Ein Korb mit Schlemmereien wird täglich ins Haus serviert. Für Early Birds auch schon um 7 Uhr, für Langschläferinnen wie mich ist auch 11 Uhr kein Problem.

LaPOSCH - DEIN BERGAWAY
Schmitte 12 | 6633 Biberwier | +43 5673 21021 |
info@chaletresort-tirol.at | www.chaletresort-tirol.at

”

Das LaPosch ist der perfekte Rückzugsort, wenn man einfach ein paar Tage absolute Ruhe genießen will – und seit 2021 gilt in diesem Chalet-Dorf: Adults only.

“

Rote Wand

Mein reizender, junger Nachbar konnte hier das Herz seiner Liebsten erobern. Das muss ein besonderer Platz sein, dachte ich mir, und habe die Rote Wand einmal genauer unter die Lupe genommen.

Der gegenüberliegende Berg ist Namenspatron für dieses außergewöhnliche Haus, das einst als Café und Pension begann und 1972 zum Restaurant ausgebaut wurde. Joschi Walch Senior brachte damals das Fondue auf den Arlberg und so manch gekröntes Haupt und auch andere Berühmtheiten haben sich für diese Novität vom Hausherren mit der Pferdekutsche in Lech abholen lassen.

Heute ist die Rote Wand ein schickes Designhotel mit geradliniger Vorarlberger Architektur. Wir haben uns mit Freunden zum Abendessen hier verabredet und betreten den alten Gasthof mit seinen roten Fensterläden. Von hier aus erschließt sich erst die wahre Größe der „Roten Wand", denn alle sechs Häuser des Ensembles sind durch einen unterirdischen roten – what else? – Gang verbunden. Was soll ich sagen? Ich glaube, sich verlieben geht hier wirklich ganz einfach!

GOURMET HOTEL ROTE WAND
Zug 5 | 6764 Lech am Arlberg | +43 5583 34350 |
gasthof@rotewand.com | www.rotewand.com

”

Seit 2016 kann man im *alten Schualhus* am Chef's Table sitzen, den Köchen bei der Arbeit zusehen und sich auf 4-Hauben-Niveau verwöhnen lassen.

“

DENK
Raum

Stäfeli

Nur drei Kilometer von Lech entfernt liegt das Bergdorf Zug. Ein romantischer 120-Seelen-Ort und gleich drei davon sind besonders umtriebige Leut. Gitti, Heinz und Tochter Stephanie sind die Menschen hinter dem Wein-Restaurant „s'Achtele", der Krämerei „Allerlei" und dem „Hotel Stäfeli".

Vor ein paar Jahren wurde das Hotel nach aufwendigem Umbau mit vielen neuen Ideen und Konzepten wiedereröffnet. So gibt es beispielsweise den ZeitRaum, das Wohnzimmer im Stäfeli mit offenem Kamin und Rückzugsnischen zum gemeinsamen Spielen und Lachen, oder auch den EnergieRaum, der mit Indoor-Pool und Sauna der perfekte Ort dafür ist, Körper und Seele etwas Gutes zu tun.

Besonders spannend finde ich auch das Literaturkonzept des Hauses, das gemeinsam mit einer Kultur-Bloggerin entwickelt wurde. Jeder Teil des Hauses hat seine eigene Literatur. So sind im Durchgang Kurzgeschichten zu finden und in der Bibliothek Bücher, die farblich nach Stimmungen geordnet sind. Und damit man ein angelesenes Buch nicht heimlich entwenden muss, gibt es bereits vorfrankierte Umschläge für die (Retour-)Post. Das finde ich besonders süß!

STÄFELI HOTEL GARNI
Zug 525 | 6764 Lech am Arlberg | +43 5583 39370 |
info@staefeli.at | www.staefeli.at

”

Die *Stäfeli Bucket List* empfiehlt Steinmännle am Fluss bauen, Flammkuchen im Allerlei verkosten oder einen Schneemann bauen.

“

Auszeit
in den
BERGEN

Holzgauer Haus

Über ein Jahrhundert war das Haus als Schutzhütte da, um Menschen zu beherbergen, die über Berg und Tal wanderten und dieses besondere Plätzchen suchten, oder aber auch zufällig fanden, beim Schmuggeln oder Wildern gar.

Gut behütet ist man auch jetzt noch hier im Holzgauerhaus in Warth, der zweitkleinsten Gemeinde Vorarlbergs mit knapp 170 Einwohnern. Das Hideout in Alleinlage am sonnenverwöhnten Berg hat sich erst kürzlich neu interpretiert. Das Stammhaus mit dem alten Herd, wo die junge Chefin auf Wunsch noch persönlich für ihre Gäste kocht, hat einen Anbau bekommen, der sich als das neue Herzstück entpuppt. Die Aussicht ist einfach atemberaubend und durch die großen Fenster haben wir das Gefühl, Teil der imposanten Bergwelt zu sein.

Auch die neuen Auszeitlofts sind genau nach meinem Geschmack: das warme Holz, das stimmige Design, extragroße Badewannen und Liegeplätze direkt am Fenster. Hier kann man sich vollkommen zurückziehen und die Ruhe genießen. Hide – eat – sleep.

HOLZGAUER HAUS
Lechleiten 7 | 6767 Warth am Arlberg | +43 664 4531613 |
info@holzgauerhaus.at | www.holzgauerhaus.at

"

Skifahren, Skitouren oder Wandern – alles startet direkt vor der Haustüre des Holzgauer Hauses.

"

Hirschen Schwarzenberg

Ich bin immer wieder überrascht, wie viele schöne Flecken unser Land zu bieten hat. Der Bregenzerwald führte bei mir bis dato ein stiefmütterliches Dasein. Jetzt, wo ich diese Gegend und seine bezaubernde Landschaft endlich für mich entdeckt habe, bin ich dafür umso mehr begeistert.

Eines der bemerkenswertesten Gebäude im Dorf ist auch schon unser Ziel. Ich bin von der barocken Schindelfassade angetan und auch die Form des Hauses ist absolut beeindruckend – es sieht fast ein bisschen wie ein Tempel aus. Als Tempel des guten Geschmacks ist der Gasthof schon seit Jahrhunderten bekannt und um die Mitte des 19. Jahrhunderts war er bereits so berühmt, dass sogar König Max II von Bayern zu Gast war.

Neben der guten Küche gibt es hier aber auch noch 33 gemütliche Zimmer und Appartements. Keines gleicht dem anderen, denn jedes davon ist einem Künstler aus der Sammlung der Familie Fetz gewidmet. Ich liebe diese Mischung aus moderner Kunst und altem Mobiliar und die Deckenfresken verleihen der königlichen Suite eine angemessen feudale Atmosphäre.

HOTEL GASTHOF HIRSCHEN
Hof 14 | 6867 Schwarzenberg | +43 5512 2944 |
info@hirschenschwarzenberg.at | www.hotel-hirschen-bregenzerwald.at

„

Im Winter spielen lokale und internationale Jazz-, Rock- und Bluesgrößen im Hirschen auf.

“

RESTAURANT GASTHOF
hirschen
HOTEL

Das Schiff

Eine liebe Vorarlberger Freundin hat mir dieses Hotel wärmstens empfohlen. Obwohl sie selbst nur eine halbe Autostunde entfernt wohnt, kommt sie sicher zweimal pro Jahr für ein Wochenende ins „Schiff“, um dem Alltag zu entfliehen.

Wir sind auf dem Weg ins Ländle. Damit mein Mann mich hierher begleitet, lade ich ihn großzügig zum Mittagessen ins „Ernele“ ein. So heißt die Ladenwirtschaft im modernen Zubau und ist nach der legendären Seniorchefin Erna Metzler benannt. Sie ist die erste haubengekrönte Köchin Vorarlbergs und von vielen Gourmetführern ausgezeichnet.

Auch wir sind von der Wälder Käserahmsuppe und dem Saiblings-Carpaccio mehr als begeistert, aber nicht minder vom Hotel selbst, das wir uns noch ansehen dürfen. Das ganze Haus wirkt sehr familiär und das Herzstück ist sicher die historische Wälder Stube aus dem Jahr 1840. Die Zimmer haben einen wunderbaren Blick über den Bregenzerwald und sind äußerst gemütlich eingerichtet. Ich kann gut verstehen warum meine Freundin ein großer Fan dieses Hauses ist. Ich bin jetzt auch einer!

DAS SCHIFF - GENIESSER- & ROMANTIK HOTEL
Heideggen 311 | 6952 Hittisau | +43 5513 6220-0 |
info@schiff-hittisau.com | www.schiff-hittisau.com

❞

Im Schiff gibt es auch einen eigenen Käsekeller. Hier lagern in nächster Nähe zu edlen Tropfen ausgesuchte Spitzenkäse in verschiedenen Reifegraden.

❝

ROMANTIK HOTEL
DAS SCHIFF

WALSER

Walser ART

Ich hoffe, mir wird mein einziger Matura-Einser, nämlich in Erdkunde, nicht aberkannt. Aber irgendwie war mir nicht mehr bewusst, dass das Kleinwalsertal aufgrund seiner geografischen Lage keine direkte Verbindung zu Vorarlberg hat, sondern auf der Straße nur über Deutschland erreicht werden kann.

In der quasi schönsten Sackgasse Österreichs haben Susann und Tobias vor über einem Jahrzehnt ein Haus gekauft. Lebensfreude, Atempause und Luftsprung – so heißen beispielsweise die von ihnen stilsicher eingerichteten Appartements in der Walser ART. Ihre Walser ART – das heißt für sie, sich fallenlassen, tanzen, lachen, juchzen, leben, einfach sein.

Die traditionelle Walser ART macht sich vor allem im Interieur bemerkbar. Die Tracht der Frauen beinhaltet immer rote Rosen, die auf dunklem Hintergrund aufgestickt werden, und dieses Farbkonzept findet sich auch in den Wohnungen wieder. Walser Art vom Feinsten!

WALSER ART
Außerahorn 2 | 6993 Mittelberg | +43 664 73712940 |
hallo@walserart.at | www.walserart.at

"Der Hausherr ist gelernter Koch und so bereitet er auf Wunsch seine Käsknöpfle nach Originalrezept im Appartement zu."

STEAK
RIB EYE
Salat

Taubenkobel

Ein kleines Restaurant im Burgenland wurde vom US-Wirtschaftsmagazin Forbes zum „coolest place to eat in 2016 worldwide" gekürt. Völlig zu Recht, wie ich meine! Wir sitzen in einem wundervollen alten Gewölbe, der Tisch ist mit grobem Leinen gedeckt, Kunst an den Wänden und vor allem auf dem Teller.

Aber nicht nur die Küche ist eine der Besten unseres Landes. 2014 übernahmen Tochter Barbara und Alain, Schwiegersohn und zugleich Chefkoch des Hauses, neben dem Gourmettempel auch das zur exklusiven Relais & Chateaux Kollektion gehörende Hotel von Vater und Haubenkoch Walter Eselböck.

Das einstige Bauernhaus mit der typisch pannonischen Fassade besitzt elf unglaublich originell und zugleich gemütlich eingerichtete Suiten. Viele Gegenstände im Haus sind Mitbringsel aus aller Welt, die unsere Gastgeber selbst auf ihren Urlaubsreisen erstanden haben. Sie haben hier einen erfrischenden und kosmopolitischen Meeting-Point geschaffen.

LANDHAUS TAUBENKOBEL

Hauptstraße 31-33 | 7081 Schützen | +43 2684 2297 |
restaurant@taubenkobel.at | www.taubenkobel.com

❞

Apropos Reise: Der verwunschene Garten des Hauses mit Bio-Teich, Holzliegen und Schilf-Sonnenschirmchen ist wie Kurzurlaub in einer anderen Welt.

❝

traubenkobel

Zum Oberjäger

Reisen bildet ja bekanntlich, und falls ich einmal bei der Millionenshow gefragt werde, wo das „Blaufränkischland“ ist, dann weiß ich jetzt die richtige Antwort: Es ist im Mittelburgenland! Dort, wo sich das romantische Gästehaus Oberjäger befindet, eingebettet inmitten des weitläufigen Parks von Schloss Lackenbach aus dem 16. Jahrhundert.

Die vier Zimmer und zwei Suiten sind frisch und modern gestaltet und zwischen den Möbelstücken befinden sich immer wieder historische Unikate aus der Sammlung Privatstiftung Esterhazy. Das Frühstück mit Produkten vom hauseigenen Bio-Landgut ist herrlich und wird am langen Gemeinschaftstisch im Kochsalon serviert. Ich mag das besonders gerne, denn so kommt man ganz leicht mit anderen Menschen ins Gespräch.

Wenn keine Kochkurse stattfinden, darf die geräumige Küche von allen Gästen benutzt werden. Wir fühlen uns gleich wie zu Hause.

BOUTIQUE HOTEL ZUM OBERJÄGER IM SCHLOSSPARK LACKENBACH
Schloss 1 | 7322 Lackenbach | +43 2619 862626 |
reservierung@oberjaeger.at | www.oberjaeger.at

„In Österreich gibt es nur sehr wenige Mammutbäume – ein paar davon befinden sich im Schlosspark Lackenbach."

Kellerstöckl Haus Lea

Wir sind gespannt, wohin der Weg uns führt – dieser Teil des Burgenlandes ist für uns noch absolutes Neuland. Wir kurven durch die hügelige Gegend und genießen das satte Grün der Wiesen und Felder.

Und dann steht es vor uns, das putzige Kellerstöckl mit seinen hellgrünen Fensterbalken. Es hat nur 32 m^2 auf zwei Etagen und ist somit ein richtiges Tiny Home. Und doch hat es allerlei zu bieten: eine vollausgestattete Küche, einen „Spa-Bereich" mit freistehender Badewanne und Infrarotkabine sowie eine Hifi-Anlage und einen Holzofen.

Auch Fahrräder gibt es hier gratis zum Ausborgen und schon radeln wir los in die nächste Buschenschank. Etwas beschwingt kommen wir zu späterer Stunde zu unserem Häuschen zurück und genießen noch die lauschige Abendstimmung an unserem Gartentisch mit unseren neuen Freunden, den Ziegen.

KELLERSTÖCKL HAUS LEA
Edlitz im Burgenland 35 | 7474 Deutsch Schützen | +43 699 19235751 | office@hausimweinberg.at | www.hausimweinberg.at

»

Dieses putzige Häuschen möchte man am liebsten in den Koffer packen und mit nach Hause nehmen.

«

Falkensteiner Stegersbach

An 300 Tagen pro Jahr scheint im Südburgenland die Sonne. Wir beschließen daher, dem Salzburger Schnürlregen zu entfliehen und kommen tatsächlich bei herrlichen 25 Grad in Stegersbach an, um ein „adult only" Wochenende zu verbringen.

Das Fünf-Sterne-Resort liegt auf einem Hügel mit Blick auf die Therme Stegersbach und uns fällt sofort die schöne Gartengestaltung auf. Es handelt sich dabei um Österreichs größten hoteleigenen Permakultur-Garten, erzählt uns die sehr nette Rezeptionistin. Wir spazieren zwischen Wildblumen und herrlich mediterran duftenden Kräutern und bleiben kurz auf einem der großen Natursteine sitzen, um den Bienen bei ihrer Arbeit zuzusehen.

Dann ist Wellness angesagt. Wir machen es uns an einem der beiden Outdoor Infinity Pools gemütlich und genießen die herrliche Ruhe. Mein Mann hat eine Massage gebucht und ich schlendere durchs Haus. Obwohl das Hotel von außen etwas groß wirkt, ist es im Innenbereich mit seinen vielen Räumen und Sitzecken sehr gemütlich. Ein schöner Platz für ein Wochenende zu zweit.

FALKENSTEINER BALANCE RESORT STEGERSBACH
Panoramaweg 1 | 7551 Stegersbach | +43 3326 55155 |
reservations.balanceresort@falkensteiner.com | www.falkensteiner.com

»

Das hausinterne Falkensteiner MedSpa bietet ärztlich begleitete Gesundheitsprogramme mit ganzheitlichem Ansatz.

«

Aiola Living

Selten war ich auf ein Hotel so gespannt wie auf dieses! Ich organisiere jedes Jahr einen Überraschungs-Ausflug für meine Damenrunde und trage daher auch die Last der Verantwortung für ein erfolgreiches Wochenende.

Gleich nach Betreten des Boutique-Hotels mitten in der Grazer Innenstadt stellen wir kollektiv fest: „Wow, ist das cool!“ Sind wir im Paradies gelandet? Oder ist es gar das Moulin Rouge? Von der Decke hängen überdimensionale Lampen aus Straußenfedern, im Lift erwartet uns eine Dschungelwelt inklusive Papagei und die Zimmer sind mit floralen Tapeten, samtigem Mobiliar und schicken Designerstücken ausgestattet.

Nach so vielen neuen Eindrücken brauchen wir dringend einen Drink. Wir spazieren auf den Grazer Schlossberg und genießen auf der Terrasse des „Aiola Upstairs“ – unsere Gastgeber sind auch umtriebige Gastronomen – ein Glas Wein und den herrlichen Ausblick. Ich kann mich endlich entspannen, denn die Mädels sind von meiner Hotelwahl absolut begeistert.
What else!

AIOLA LIVING HOTEL & STORE
Landhausgasse 5 | 8010 Graz | +43 316 811911 |
living@aiola.at | www.aiola.at

99

Alle Möbel und Designerstücke aus den Zimmern können direkt im Hotel gekauft werden.

66

Kai 36

Wenn eine Salzburgerin in einem Hotel & Café in Graz eincheckt, dann fallen ihr sofort ein paar Details auf. Das Lebensnotwendigste zuerst: Hier werden die Bio-Bohnen der mir heimischen Rösterei „Afro Coffee" serviert – für anspruchsvolle Koffein-Liebhaberinnen wie mich ein absoluter Glücksfall.

Im Garten steht eine überdimensionale „Gurke" des Künstlers Erwin Wurm, eine Erinnerung an das Kunstprojekt der Salzburg Foundation aus 2011. Und weil es mir verdächtig vorkommt, dass ein Formel-1 Rennauto einfach so in der Gegend herumhängt, erfahre ich, dass dieses außergewöhnliche Hotel das vierte Haus von Helmut Marko ist.

Der Red Bull Racing Chef hat dem 400 Jahre alten Gebäude mit auffallendem Schopfwalm-Dach – bitte googeln, das kann ich jetzt in ein paar Zeilen nicht erklären – neues Leben eingehaucht und in ein Hotel für Kunstsinnige verwandelt. Für mich ein absoluter Geheimtipp – vor allem auch, weil ich in der Bar stundenlang ein Bild meines Lieblingskünstlers Harding Meyer betrachten kann.

KAI 36. HOTEL & CAFE BAR
Kaiser-Franz-Josef-Kai 36 | 8010 Graz | +43 316 813300 |
office@kai36.at | www.kai36.at

tinder

ELEVAT
POOL
TERRAC
128

”

Nirgendwo sonst kann man in Graz
so herrlich am Pool liegen
und über die Dächer
der Altstadt blicken.

“

Salon Frühling
SHARE YOUR WIESLER MOMENTS
10 €

Grand Hôtel Wiesler

Seinen 100. Geburtstag hat dieses geschichtsträchtige Haus im Herzen von Graz schon gefeiert. Dank Florian Weitzer hat es seine Leichtfüßigkeit aber keineswegs verloren. Der geschäftstüchtige Hotelier – wir kennen ihn schon vom Hotel Daniel und ja, auch das Grand Ferdinand trägt seine Handschrift – hat diesem Haus mit einem coolen Interieur und vielen lässigen Details ein Facelift verpasst, das „alt" und „neu" perfekt vereint.

Schon alleine die öffentlichen Bereiche sind einen Besuch wert. In der Lobby hängt an der Decke ein modernes Kunstwerk und einen Raum weiter ist ein original Jugendstilmosaik zu bewundern.

Der „Salon Marie", das Restaurant des Hauses, erfreut mit einer hippen Bar und Streetart an den Wänden, zumindest kunstaffine Menschen wie mich. Mein Mann ist einfacher zu beglücken und zwar mit dem „Signature Dish" des Hauses: Cordon Bleu mit echtem Brie und Prosciutto di Parma.

GRAND HOTEL WIESLER
Grieskai 4-8 | 8020 Graz | +43 316 7066-0 |
info@grandhotelwiesler.com | www.grandhotelwiesler.com

99

Der Prototyp eines perfekt modernisierten Grand Hotels, und ich bin verliebt in die wunderschönen Waschbecken!

66

LOISIUM Ehrenhausen

Mit meiner Damenrunde geht es diesmal in die Südsteiermark. Wie immer sind meine Ladys sehr aufgeregt: Wo es diesmal wohl hingeht? Um die Spannung zu steigern, essen wir noch zu Mittag in Gamlitz und dann gehts zum Schlossberg 1.

Das Loisium ist ein großer Kubus mit Holzfassade und auf den ersten Blick scheint das Hotel fast ein bisschen auf dem Hügel zu schweben. Nicht umsonst wird diese Gegend auch die Toskana Österreichs genannt und so bleiben wir vor dem Check-in noch draußen stehen und genießen den herrlichen Ausblick über die Weinberge.

Tags darauf sind wir mit den Fahrrädern unterwegs und am Nachmittag gibts nur noch „dolce far niente" am Pool. Dann machen wir uns schick, denn ich habe einen Tisch im hauseigenen Restaurant „Weinkuchl" reserviert. Die Haube des Gault-Millau ist mehr als verdient und glückselig trinken wir noch ein Schnapserl an der Bar.

LOISIUM EHRENHAUSEN
Am Schlossberg 1a | 8461 Ehrenhausen an der Weinstraße | +43 3453 28800 | hotel.steiermark@loisium.com | www.loisium.com

„Ein tolles Designhotel inmitten der steirischen Weinberge."

Winzarei

Manchmal muss man im Leben einfach über den Tellerrand schauen! In diesem Fall heißt das: Die bezaubernden, zum steirischen Weingut Tement gehörigen Winzarei-Häuschen befinden sich schon auf slowenischem Boden.

Das Weingut hat nicht nur besonders guten Wein, sondern auch ganz schicke Appartements! Es wird gerade gereinigt und weil die Türen offen stehen, dürfen wir uns im alten Presshaus umsehen. Die Steinhäuser aus dem 18. Jahrhundert wurden mit viel Liebe eingerichtet, das sieht man gleich: Alte Holzdecken, Möbel im Landhausstil mit modernen Bildern kombiniert und bodentiefe Fenster, die den Blick über die atemberaubende Landschaft mit ihren Weingärten preisgeben.

Wir bleiben noch eine Weile am hauseigenen Pool stehen und beobachten, wie die Arbeiter auf den steilen Lagen ihre Arbeit verrichten, bevor wir zur „Magnothek", dem Wirtshaus der Familie Tement, fahren. Ein wirklich besonders schöner Flecken Erde hier!

WINZAREI - WEINGUT TEMENT
Zieregg 4-5 | 8461 Berghausen | +43 3453 4101 |
welcome@winzarei.at | www.winzarei.at

"

Morgens steht ein reich gefüllter Frühstückskorb mit regionalen Produkten vor der Tür.

"

Gästehaus Krenn

Wer glaubt, dass sich hier oben im steirischen Pürgg Fuchs und Hase gute Nacht sagen – der hat Recht! Dieser Ort ist so wunderbar beschaulich und friedvoll und man könnte meinen, die Zeit sei hier ein wenig stehen geblieben.

Erst 2019 wurde dieses ehemalige Alpenhotel aus seinem 50-jährigen Dornröschenschlaf erweckt. Die sieben Zimmer bzw. Suiten sind mit edlen Naturmaterialien und handverlesenen Kunstwerken ausgestattet. Die gemütliche Bibliothek ist ein wunderbarer Rückzugsort mit ausgewählter Literatur und hoffentlich auch schon mit meinem Büchlein bestückt. Wenn nicht, dann bitte unbedingt danach fragen!

Gleich daneben empfängt uns im Gasthaus Krenn ein sehr fescher, bärtiger Herr. Glückselig folge ich ihm in den romantischen Gastgarten. Ob mein Mann auch erfreut war, weiß ich bis heute nicht. Zwei Musikanten spielen auf und wir essen einen köstlichen Tafelspitz mit Apfelkren. Hier lässt es sich aushalten.

GÄSTEHAUS KRENN
Pürgg 11 | 8951 Steinach-Pürgg | +43 3682 22274 |
info@gasthauskrenn-puergg.at | www.gasthauskrenn-puergg.at

»
Eine perfekte Adresse
für kunstaffine
Sommerfrischler!
«

Das Gesindehaus Grimming

Fast sieben Jahre haben Michaela und Sebastian mit viel Liebe und Herzblut an der Renovierung des Nebengebäudes gearbeitet und aus dem ehemaligen Gesindehaus des Gehöfts ein vollwertiges Chalet erschaffen. Und nun steht es da, fein herausgeputzt, am Fuße des Grimming.

Mit zwei Schlafzimmern und einem Badezimmer ist das Chalet ideal für einen Familienausflug oder auch für unser Damenwochenende. In der gut ausgestatteten Stube heizen wir gleich den Holzofen ein – ja, auch Frauen können Feuer machen – und tanzen beschwingt zu den alten Vinylplatten des Hausherrn, während wir uns eine Jause richten.

Munter schnattern die Gänse ums Haus und nachdem der Ganter schon den Hals nach uns ausgestreckt hat, nutzen wir seine kurze Unaufmerksamkeit und huschen mit unseren Bademänteln in die Zirbensauna im gegenüberliegenden Stallhaus. Wir genießen die wohlige Wärme und den herrlichen Geruch!

GESINDEHAUS GRIMMING
Oberstuttern 8 | 8954 Diemlern | +43 677 631 37 044 |
info@gesindehaus-grimming.at | www.gesindehaus-grimming.at

„Hier möchte man gerne wieder Knecht und Magd sein."

Stadthotel Brunner

„Meine Mitte im Zentrum“ ist der Slogan dieses spannenden Stadthotels inmitten – wo sollte es auch sonst sein – der Schladminger Fußgängerzone. Das vor einigen Jahren komplett renovierte Haus mit seiner unglaublich dynamischen Architektur könnte auch irgendwo in New York stehen und ist hier ein absoluter Eye-Catcher.

Doch nicht nur die Lage des Boutiquehotels mit asiatischem Einfluss ist „mittig“, sondern auch den Gästen wird viel Unterstützung geboten, um sich bei Bedarf neu einzupendeln. Neben traditionellen und ayurvedischen Massagen gibt es auch TCM-Workshops, Ayurveda-Kuren und regelmäßige Yoga-Einheiten, an denen auch externe Gäste teilnehmen können. So habe ich mich eingebucht und nutze danach auch gleich die Gelegenheit, um mir die große Panoramaterrasse mit Finnischer Sauna anzusehen.

In mir ruhend und mit asiatischer Gelassenheit gehe ich jetzt noch in die „Lounge 1919“, das 500 Jahre alte Gewölbe des Hauses. Dort wende ich mich mit einem kubanischen Rum einer anderen Mentalität zu. Namaste.

STADTHOTEL BRUNNER
Hauptplatz 14 | 8970 Schladming | +43 3687 22513-0 |
welcome@stadthotel-brunner.at | www.stadthotel-brunner.at

„Im Gasthaus Brunner gibt es neben Schnitzel & Co auch eine Auswahl an ayurvedischen, basischen, vegetarischen und veganen Gerichten.“

Anna Plochl

Neben Pretty Woman – ich muss immer wieder eine Träne unterdrücken, wenn Richard Gere mit Blumen in der Hand in der Stretchlimo vorfährt, um Julia Roberts aus ihrem Turm zu befreien – ist die Liebesgeschichte von Anna Plochl und Erzherzog Johann wohl eine der bekanntesten hierzulande. Die Postmeistertochter aus Bad Aussee verliebt sich in den Bruder des Kaisers Franz und weil sie eine starke und tüchtige Frau ist, gibt es trotz aller Schwierigkeiten ob der Mesalliance schließlich ein Happy End!

Auch Bettina Grieshofer, unsere Gastgeberin, ist eine Frau von Tat und lebt ihre Leidenschaft aus – und zwar für Stoffe und schöne Farben in ihrer Dirndl-Schneiderei „Platzhirsch" in Bad Aussee. Seit 2019 betreibt sie auch dieses liebevoll gestaltete Bed & Breakfast.

Bei der Renovierung des Hauses hat sie Fundstücke vom Flohmarkt aus der passenden Epoche selbst aufgemöbelt und mit farblich passenden Stoffen kombiniert. Sogar die Kleiderbügel sind von Hand gefertigt und verziert. „Love is in the Air" in diesem unglaublich gemütlichen Haus.

HAUS ANNA PLOCHL BOUTIQUEHOTEL
Marktleite 184 | 8990 Bad Aussee | +43 664 3540052 |
welcome@hausannaplochl.at | www.hausannaplochl.com

❞

Opa Willi ist die gute Seele in diesem detailverliebten Haus und steht gerne mit Rat und Tat zur Seite.

❝

Dermuth

Wir sind wieder einmal mit dem Rad unterwegs und diesmal umrunden wir den Wörthersee. Es gibt so viele tolle Häuser am See und neugierig, wie ich bin, würde ich mir am liebsten alle auch von innen ansehen.

Eines dieser schönen Objekte ist das Hotel Dermuth in Klagenfurt. Ich habe von der kompletten Renovierung des Hauses gehört und wollte mir selbst ein Bild davon machen. Das Hotel liegt nicht direkt am Wasser, sondern inmitten eines ruhigen Villenviertels am Südhang des Kreuzbergls, umgeben von einer wunderschönen Parkanlage. Obwohl es schon Herbst ist, genießen wir die noch warmen Sonnenstrahlen auf der gemütlichen Südterrasse und das Bergpanorama der Karawanken.

Ich finde die Neugestaltung des Hotels richtig gut gelungen. Mir gefällt die Kombination aus klassischen und modernen Möbeln und vor allem der Mix aus Samtstoffen, Metall und Holz liegt total im Trend. In der neu eröffneten „Giovanni Bar“ trinken wir noch einen Prosecco und kommen uns ein bisschen vor wie in Bella Italia.

HOTEL DERMUTH KLAGENFURT
Kohldorferstraße 52 | 9020 Klagenfurt am Wörthersee | +43 463 21247 | info@dermuth.at | www.dermuth.at

”

Das Hotel bietet auch eine Wellnessoase
mit Fitnessraum, Wellnessduschen,
Dampf- und finnischer Sauna
sowie Seminarräume.

“

Seeschlössl

Was wäre der Wörthersee – und auch mein Büchlein – ohne so ein nostalgisches und bezauberndes Seeschlössl. Ich habe meinen Mann und mich zum Frühstück angemeldet, es soll ja laut Playboy Gunter Sachs das beste der Welt sein!

So sitzen wir umringt von blühenden Hortensien und mit herrlichem Blick auf den türkisblauen See auf der Terrazza des kleinen Strandhotels und sehen dem Ober zu, wie er Köstlichkeiten vor uns auftürmt. Apropos Playboy, diese quasi Berufsbezeichnung amüsiert mich immer wieder aufs Neue, ist aber heutzutage leider nicht mehr so gebräuchlich.

Aber egal, lasst mich weiter von meinem Schlösschen schwärmen! Wir spazieren den Weg zum See hinunter, vorbei an Liegen und Schirmen und dann entdecke ich mein absolutes Lieblingsplatzerl: das romantische Badehaus. Die luftigen Vorhänge bewegen sich leicht im Wind, wir sitzen auf den Korbmöbeln und sehen aufs glitzernde Wasser hinaus. What a happy day!

SEESCHLÖSSL
Klagenfurter Straße 34 | 9220 Velden am Wörthersee | +43 4274 2824 |
seeschloessl@aon.at | www.seeschloessl.at

❞

Das romantische Seeschlössl liegt
ganz ruhig in der Veldener Bucht
und ist auch eine begehrte
Hochzeitslocation.
Wer würde hier schon
Nein sagen?

❝

CLAUDIA ROGGE

Art Lodge

E-Bike sei Dank können auch mittelmäßige Sportlerinnen wie ich ungeahnte Höhen erreichen und so radeln wir zufällig bei diesem 300 Jahre alten Berghof vorbei. Wir halten an und erfahren, dass zwei Düsseldorfer Ex-Werber – Katrin und Dirk – hier in den Nockbergen ihren Traum eines Lifestyle-Hotels verwirklicht haben und samt ihrer Kunstsammlung nach Österreich übersiedelt sind.

Alle Zimmer besitzen ihren eigenen Charme. Rustikale Holzmöbel sind mit filigranen Designklassikern kombiniert. Kräftige Farben vertragen sich gut mit zarten Pastelltönen und alles ist gepaart mit Kunst jeglicher Couleur und Form. Von allen Zimmern, die wir uns ansehen, haben wir einen herrlichen Blick auf die umliegenden Berge und Kärntner Brillenschafe, die sich um die Pflege des sieben Hektar großen Anwesens kümmern.

Ja, hier oben auf 1.058 Höhenmetern ist die Welt noch in Ordnung. Wir trinken einen Radler am Bio-Pool des Hauses und genießen die Ruhe. Ein sehr schickes Versteck vor dem Alltag hier oben!

ART LODGE
Verditzer Straße 52 | 9542 Verditz/Afritz | +43 4247 2997 0 |
hallo@art-lodge.at | www.artlodge.at

”

Jedes Jahr laden Katrin und Dirk
einen oder mehrere Künstler ein,
um außen oder innen eine
Kunstinstallation
zu erschaffen.

“

ART

Alpenpension–
Brandstätter

Hollmann am Berg

Drei stramme Jungs auf der Turracher Höhe haben es uns angetan! Schlanken Fußes inmitten von Nadelbäumen stehen sie da, die drei Troadkästen (= Getreidespeicher): Toni, Luki und Franzi. Benannt nach den drei Söhnen des Hoteliers Robert Hollmann – wir kennen ihn schon von der Beletage in Wien – bilden sie gemeinsam ein Mini-Chalet-Dorf auf 1.800 Metern Seehöhe.

Wir haben bei „Franzi" eingecheckt und laufen sofort wie aufgescheuchte Hühner – yes, es ist wieder Mädelsausflug angesagt – durchs Haus und lassen unserer Begeisterung freien Lauf. Alles wirkt hier so wohlig und warm und harmonisch und gemütlich.

Ich schließe mich im Badezimmer mit der freistehenden Badewanne ein, weil „Franzi" und ich beschlossen haben, den Rest unseres Lebens gemeinsam zu verbringen. Doch, wie so oft, kommt es ganz anders. Leider muss ich nach drei intensiven Tagen der Liebe wieder nach Hause und ich befürchte, dass er schon bald eine neue Verehrerin findet.

HOLLMANN AM BERG
Turracher Höhe 163-166 | 9565 Ebene Reichenau | +43 5 7778300 |
hello@crazyhollmann.com | www.crazyhollmann.com

»

Urlaub für Fortgeschrittene auf der Turracher Höhe in diesen traumhaften Troadkästen.

«

der daberer

Die Daberers haben einen Vogel, munkelte so mancher, als die Seniorchefin vor 40 Jahren sagte: „Wir machen eine Bio-Pension". Das Tier hat sich mittlerweile im Logo des Hauses manifestiert und die Daberers finden es immer noch großartig „einen Vogel" zu haben, denn für sie bedeutet er „anders zu sein" und „unkonventionell zu denken".

Der daberer ist ein grüner Kraftplatz, das merken wir gleich. Die Hotelzufahrt ist die einzige Straße, die vom 200-Seelen-Dorf St. Daniel im Gailtal hinaufführt. Ruhig und beschaulich steht das Haus am Waldrand, umgeben von Gärten, Wiesen und Bäumen. Das ganze Areal ist durchzogen von kleinen Bächen und Wegen und einer führt uns zum idyllischen Schwimmteich. Wir setzen uns an den Steg und genießen die Stille.

Aber auch im Haus gibt es viele Lieblingsplätze zu entdecken. Das Gebäude ist nach Süden ausgerichtet und durch seine leichte Bauweise lichtdurchflutet. Außerdem ist es wunderschön eingerichtet. Ich liebe es, auf der gepolsterten Fensterbank zu sitzen und den Blick ins Tal schweifen zu lassen. My favourite Place.

BIOHOTEL DER DABERER
Sankt Daniel 32 | 9635 Dellach im Gailtal | +43 4718 590 |
info@biohotel-daberer.at | www.biohotel-daberer.at

"

Slow Food ist das Motto und
vieles ist hier hausgemacht:
Vom Aufstrich bis zum Kuchen
und auch das Brot kommt
aus der eigenen
Backstube.

"

Gralhof
Biohotel

Gralhof

Auf Urlaub fahren und zugleich die Umwelt schonen? „Klingt komisch, is' aber so", hätte man früher bei der Sendung mit der Maus gesagt. Wer im Urlaub sogar einen kleineren ökologischen Fußabdruck hinterlassen will als zu Hause, dem kann ich einen Aufenthalt im Gralhof empfehlen. Denn Familie Knaller hat 1998 ihren Betrieb auf 100 Prozent Bio umgestellt. Dieser ist im Ranking der zertifizierten BIO HOTELS in Europa bereits auf Platz 5, und der Plan ist es natürlich, bald die Spitze zu erklimmen!

Zum Beispiel haben Corinna und Michael Knaller den Mittwoch zum FleischFREItag in ihrem Haus erklärt. Dass die Zutaten der vegetarischen Gerichte alle aus Bio-Anbau stammen, versteht sich von selbst. Aber auch von den Betten bis zu den Naturkosmetikprodukten in den 16 gemütlichen Zimmern ist alles Bio – so weit das Auge reicht.

Der Hof wirkt als gesamtes sehr ursprünglich, und besonders heimelig finde ich das Saunahaus am See mit seinen vielen gemütlichen Rückzugsecken im Obergeschoß. Man kann auch einfach nur davor auf der Terrasse sitzen und auf das herrlich klare Wasser blicken. CO_2 einsparen kann so schön und erholsam sein!

BIOHOTEL GRALHOF
Neusach 7 | 9762 Weissensee | +43 4713 2213 |
info@gralhof.at | www.gralhof.at

„

Der Hausherr ist studierter Jazzmusiker und so spielen beim *Jazz unterm Birnbaum* jährlich internationale Musikgrößen im Gralhof auf.

“

Bildnachweise:

Cover: © DAS REGINA; Cover Innenseiten Muster: istockphoto.com/TAK; 4-7: © Grand Ferdinand; 8-11: © Hollmann Beletage; 12-15: © Hotel Daniel Vienna; 16: grätzlhotel/ © Heidrun Henke, 18-19: © Monika Nguyen; 20: 25hours/ © Stephan Lemke, 22-23 v. l.: © Stephan Lemke, 25hours, Stephan Lemke, alle weiteren Steve Herud; 24-27: Ruby Marie/ © Gregor Hofbauer; 28-30: Schani Hotels/ © Gregor Hofbauer; 32-35: Villa Antoinette/ © Matthias Kronfuss; 36-39: © Malat; 40-43: © Weingut Nigl; 44-47: © Raffelsbergerhof; 48-51: © Resterhof ; 52-55: etagerie/ © Gerald Berghammer, Ina Forstinger; 56-59: © Motel One; 60-63: Ramenai : © mood photography by Jan Hanser; 64-67: Traunsee31/ © Pilo Pichler; 68-71: Bräugasthof Hallstatt/ © Gregor Semrand; 72-75: The Maximilian/ © Gregor Hofbauer; 76: Villa Auersperg/ © Andreas Flausen, 78 v.l.: © Nectar&Pulse, © Bio-Paradies, © Andreas Flausen, Andreas Flausen; 79 v. l.: © Villa Auersperg, © Andreas Flausen, © Nectar&Pulse, © Andreas Flausen; 80-83: The Mozart/ © Gregor Hofbauer; 84-87: © Schloss Leopoldskron; 88-91: © Hotel Seevilla Wolfgangsee e.U.; 92-95: © DAS REGINA; 96: Wiesergut/ © Hari Pulko, 98-99 v. l.: © Günter Standl, © Hari Pulko, © Hari Pulko, © Günter Standl; 100-103: © Hotel SEPP; 104-107: Mama Thresl/ © Guenter Standl; 108-111: Bergdorf Priesteregg/ © Guenter Standl; 112-115: Faktorei/ © David Schreyer; 116-119: © NALA Individuellhotel; 120-123: Kontor/ © Klaus Maislinger; 124-125: Das MAX/ © Archiv Marcati;128: Wedelhütte/ © beknaphoto, 130-131 v. l.: beknaphoto, Wedelhütte, Sandra Lucia, Wedelhütte; 132-135: © Zhero Hotel Group; 136-139: Himmlhof/ © Christoph Schöch; 140: LaPosch/ © Jenny Haimerl, 142 v. l.: © Jenny Haimerl, Klaus Lorke, Klaus Lorke, Jenny Haimerl, 143: © Klaus Lorke; 144-147: Rote Wand/ © West_werbeagentur; 148-151: Stäfeli/ © Marcel A. Mayer und Günther Standl; 152-155: Holzgauerhaus/ © Roswitha Schneider; 156: Hirschen Schwarzenberg/ © Connie Klimt, 158-159 v. l.: © Munichwithus, © Adolf Bereuter, © Florence Stoiber, © Adolf Bereuter, © Adolf Bereuter; 160: Das Schiff/ © Michael Gunz, 162-163 v. l.: © Das Schiff, Adolf Bereuter, alle weiteren Michael Gunz; 164-167: © Walser ART; 168-171: © Taubenkobel; 172: Zum Oberjäger/ © Robert Brünner, 174: © Michael Pinzolits, Michael Pinzolits, Klaus Vyhnalek, 175: © Klaus Vyhnalek, Michael Pinzolits, Klaus Vyhnalek; 176-179: Kellerstöckl Haus Lea; 180-183: © Falkensteiner Stegersbach; 184-187: Aiola Living/ © Paul Bauer; 188-191: Kai 36/ © Helmut Marko Hotels, Dietmar Reinbacher; 192-195: © Grand Hôtel Wiesler; 196-199: © LOISIUM Ehrenhausen; 200-203: Winzarei/ © The Flow/Blendpunkt; 204-207: © Gästehaus Krenn; 208-211: © Gesindehaus in Grimming; 212-215: © Stadthotel Brunner; 216-219: Anna Plochl/ © Matthias Kronfuss; 220-223: © Dermuth; 224-227: Seeschlössl/ © Cris Jaeg; 228-231: © art-lodge; 232-235: © Hollmann am Berg; 236-239: der daberer/© F. Neumüller, 240-243: © Gralhof.

Impressum:
chic&cosy
Schöner urlauben in Österreich
2. Auflage Oktober 2021

Autorin & Herausgeberin: Mag. Irmgard Berger, Grödigerstr. 21, 5081 Anif
Grafik: Irene Spalt // Text • Grafik • Design // spalt.co.at
Lektorat: Mag. Robert Gisshammer // Der / the / das Sprachservice.at
Druck: Offset 5020
www.chicandcosy.at
ISBN 978-3-96966-786-6